GÉNÉALOGIE

DE LA

MAISON DE TIVILLE-ALLARD

GÉNÉALOGIE

DE LA

MAISON DE TIVILLE-ALLARD

INTRODUCTION

En 1662, Nicolas de Thiville, seigneur de Bapaulmes, gentilhomme ordinaire de la maison du roy et maréchal en ses camps et armées, traitant de la « *Généalogie générale de la noble, ancienne et illustre maison de Thiville* » (1), écrivait :

« L'illustre maison de Thiville est située en Normandie, et ruinée par les Anglais, de laquelle plusieurs généalogistes font la descente depuis Clovis, premier roi chrétien, ayant possédé les premières charges des ducs de Normandie et autres souverains et commandé des armées, mesme celles de Sa Sainteté. »

« Mes chers enfants, écrivait encore Nicolas de Thiville, vous êtes de si ancienne race que l'on n'en peut trouver l'origine... Je n'ay point affecté dans cette noble et curieuse recherche des dignitez que mes pères

---

(1) A Paris, chez la veuve Dugast, vivant imprimeur et libraire ordinaire du Roy, rue Vieille-Boucherie, au bout du pont Saint-Michel, à l'Olivier, *MDCLXII.*

et les vostres n'ont point possédées. J'ai simplement descript les mesmes termes portez par les contrats... Les divers employs que nos Prédécesseurs ont eu l'honneur d'exercer, sont assez considérables, sans en emprunter à l'imitation de ces nouveaux Ennoblis qui font des généalogies à leurs modes, se faisant descendre de la coste de S. Louys et donnant à leurs races des charges imaginaires, n'ayant point de parties pour leur contredire. »

*
* *

On peut établir la généalogie de la maison de Tiville depuis l'an 970, date à laquelle mourait Raoul de Tiville, époux de Jeanne de Montfort. Son arrière petit-fils Guillaume, qui accompagna Guillaume-le-Conquérant à la conquête de l'Angleterre, eut trois fils dont l'aîné seul resta en Normandie, le second s'établit en Grande-Bretagne où il fit souche de lords ; quant au troisième, ayant commis un meurtre sur la personne d'un seigneur de la cour du duc d'Alençon, il fut obligé pour fuir la colère de ce prince, de se réfugier auprès du roi de France. C'est de celui-ci qu'est descendue la maison de *Thiville* en Dunois. Raoul de Thiville fut premier maître d'hôtel du roi Philippe 1er et « fit bastir audit païs de Dunois plusieurs chasteaux et maisons, entre autres la Rocheverd, Champromain, Bapaulmes et la Pionnière, et si beaucoup d'aultres acquêts, dont la plus grande partie est encore aujourd'hui possédée (xviie siècle) par les seigneurs de Sery et de Bapaulmes frères, ce qui se prouve par divers mémoires et antiquités, entre autres par les armes qui sont à la Rocheverd et par des jettons où les trois fusées sont gravées, estant escrips d'un costé : « Vivat *Thivillia* proles », et de l'autre : « *Nec morte resolvi poterit* » en date de mil quatre-vingt ». Ce Raoul avait pour femme Anne de Pierrecourt de la maison de La Meilleraye.

* * *

Ce fut l'aîné des fils de Guillaume de Tiville qui fut la tige de la maison d'Allard. Au xiiie siècle, Guillaume de Tiville, descendant au neuvième degré de Raoul, épousa Raoulette de Gaillon, nièce et héritière d'Allard ou Adelard, seigneur de Gaillon. Après sa mort, cette seigneurie échut à Allard de Tiville, son quatrième fils qui prit le nom de Gaillon. La généalogie des descendants d'Allard de Tiville de Gaillon est rapportée tout au long dans un manuscrit rédigé vers l'an 1562 par Marin Allard, prêtre du diocèse de Paris, qui rechercha en Normandie et plus particulièrement au Perche ses parents les plus éloignés. Guillaume Allard, fils d'Allard de Tiville de Gaillon, mourut en 1346, âgé de quatre-vingt quatorze ans : il ordonna dans son testament qu'il fut dit chaque année pour le repos de son âme autant de messes qu'il laissait de descendants. Ceux-ci étaient alors au nombre de cinquante-sept dont les noms furent inscrits sur une pierre commémorative où Marin Allard put les relever au xvie siècle. On y voyait aussi ses armoiries « *figurant un ciel semé de croissants et d'étoiles d'or.* »

La fortune des descendants de Guillaume Allard de Gaillon fut diverse ; les guerres dont la Normandie fut le théâtre constant pendant près de deux siècles, devaient ruiner chaque branche tour à tour. On les voit, d'abord chevaliers-banperets, capitaines d'hommes d'armes ; puis bientôt la plupart ne pouvant plus équiper à leurs frais, s'enrôlent sous les bannières de voisins plus favorisés ou de princes étrangers à leur région. D'autres vont habiter les villes, on les trouve à Rouen, à Paris, à Dreux, à Evreux où ils tiennent rang parmi la bourgeoisie. Un petit fils de Guillaume Allard, après avoir cherché fortune en Italie, se maria en Dauphiné et c'est l'ancêtre probable de la famille Allard de cette province qui porte comme armes : d'or à un chevron de sable, accompagné de trois étoiles d'azur rangées en chef et d'un croissant de gueules posé à la pointe de l'écu.

Cette famille qui a possédé les seigneuries de Clatton, de Montessan, de Lespan, de la Tournerie, de Boutainvilliers, de Mantaille, du Cros et de la Crouzillière, était représentée au xviiie siècle, par Messire Marc Antoine Laurent d'Allard, capitaine au régiment de Limousin infanterie, chevalier des ordres de Notre-Dame du Mont Carmel et de Saint-Lazare de Jérusalem, écuyer du roi et gentilhomme de la chambre du duc d'Orléans. Il fit ses preuves de noblesse devant les juges d'armes du roi, mais il ne put établir sa filiation que depuis noble Gabriel Allard, écuyer demeurant au lieu de Montvendu, en Dauphiné, diocèse de Valence, l'an 1516. D'Hozier publia sa généalogie.

*
* *

Un événement imprévu devait décider de la destinée des Allard au pays du Perche ; une des branches les plus possessionnées, qui possédait la seigneurie de Montallard, près de Chambroy avait pris une part active aux guerres de Flandre, de Normandie et de Guyenne. — En 1403, la compagnie de Guillaume Allard, seigneur de Gaillon, surprise de nuit par une troupe anglaise supérieure en nombre, fut obligée de mettre bas les armes, parmi eux se trouvaient deux des fils de Guillaume, Noël et Philippe, et deux de ses petits-fils, encore presque des enfants. Comme ils ne pouvaient payer la rançon qui leur était demandée, ils furent envoyés en Angleterre où Guillaume Allard, fort avancé en âge, mourut en abordant. Philippe Allard fut reconnu par un chevalier anglais à qui il avait jadis sauvé la vie, lequel lui offrit la liberté s'il consentait à ne pas porter les armes contre le roi d'Angleterre pendant la durée de cinq ans. Après avoir longtemps refusé une grâce qu'il considérait comme le prix d'une lâcheté, Philippe, sur les instances de ses frères, céda et revint en Normandie où les guerres elles-mêmes favorisaient l'industrie du fer, ancienne dans la région. Sur les ruines d'un sien château détruit, il établit des forges et des ferronneries.

C'était encore une façon de servir sa patrie que de forger des armes pour ceux qui la défendaient. Depuis quelque temps déjà, les seigneurs apauvris se livraient à la fabrication du fer. « On trouve à Conches, dit Vaugois (1), des traces de l'ancienne fabrication du fer que nous croyons y avoir existé du temps des Romains et qu'on y a continuée depuis lors. On y trouve les scories antiques, le laitier des forges à bras, notamment sur le chemin d'Evreux, dans un terrain alors enclos qui, en 1625, appartenait à M. Le Loutre, seigneur de Saint-Etienne de Conches. » Nous verrons que les forges voisines, beaucoup plus importantes, appartenaient à la même époque, à la famille Allard.

Les Allard possédaient également au XVIe siècle, les forges de Mézières (les plus anciennes, croit-on, de la Normandie), celles de Gaillon, d'Iray, de Randonnay, toutes voisines de Tourouvre.

Peut-être, avant Philippe, avaient-ils déjà exploité les richesses minières de leurs domaines. Les documents à ce sujet font défaut, mais nous savons que nombre de gentilshommes et même d'abbés sollicitaient les privilèges attachés à cette industrie. En 1351,

---

(1) Vaugois, *Histoire de Laigle*, Laigle 1841.

Charles de Valois avait accordé à Martin, abbé de la Trappe, « le droit de faire le fer pour lui aider à réparer les pertes que le monastère avait éprouvées pendant les dernières guerres ». Philippe Allard obtint-il un privilège analogue, il n'en reste point de traces ; cependant, il est établi aussi bien par le manuscrit de Marin Allard que par les actes paroissiaux ou notariés qui ont été conservés, que la plus grande partie des Allard du Perche se consacrèrent à cette industrie, les plus riches comme maîtres de forges, les autres comme fondeurs, employés ou ouvriers chez leurs parents plus fortunés, quelques-uns simples maréchaux ferrants, mais tous ou presque tous inféodés à la puissante corporation des ferrons dont faisaient partie les plus grands seigneurs de la Normandie et jouissant des droits attachés à la maîtrise.

A l'année 1599, il faut rapporter le « fieffe des étangs, chaussées, rivières et portion de pré assises près le parc de Conches à Maurice Allard pour faire un fourneau et forge à fer ». Les lettres patentes en furent expédiées le 26 août 1599. En voici la teneur :

« Henry, par la grâce de Dieu, roi de France et de
« Navarre, à tous présents et à venir, salut.

« Notre cher et bien aimé Maurice Allard, maître des
« grosses forges, tant en la baronnie de Chambrais
« qu'en la paroisse de Vieux-Conches, nous a, par sa
« requête, fait très humblement remontrer qu'il y au-
« rait eu cy-devant des forges à fer et fourneaux, avec

« étangs, chaussées et rivières et quelques petites por-
« tions de prés qui en dépendent, le tout proche du parc
« de Conches, lesquels sont de longtemps en ruine à
« un grand préjudice d'intérêt du public, tant en ce
« que le revenu des ventes des bois et forêts sur
« Conches et Breteuil à nous appartenant augmenterait
« grandement, ne pouvant les coupes ordinaires être à
« présent continuées comme au précédent ; aussi, le
« pays qui est en la plupart délaissé, se pourrait remettre
« par la multiplicité des artisans et laboureurs qui
« recevraient de grandes commodités si lesdites forges
« et fourneaux étaient rétablis, lesquelles places ont été
« engagées l'an mil cinq cent quatre-vingt-six, à la
« veuve de Jean de Guenner, pour la somme de cent
« livres, une fois payée. Nous ayant, ledit Allard pour
« les considérations susdites, suppléé et requis vouloir
« fieffer les places et lieux susdits en remboursement
« de ladite veuve de Guenner ou autres qui ont été
« subrogés en son droit, offrant rétablir et remettre en
« lesdites forges et fourneaux et payer rente en la re-
« cette ordinaire de notre domaine de Conches telle
« qui sera résolu en notre Conseil d'État, même nous
« fournir tel nombre de boulets qu'il sera avisé, avec
« permission de prendre mines et en payer par chacun
« au semblable prix que font les autres maîtres de
« forges payer en recette du domaine dudit Conches
« par chacun an deux écus et huit boulets et, en ce
« faisant, aurions permis audit Allard de prendre
« mines en cette forêt... » etc.

En 1602, le même Maurice Allard obtint la concession des fourneaux et forges de Saint-Paër.

Le fils de noble homme Maurice Allard, seigneur des Haults-Genets, Gilles Allard, acheta en 1620 le manoir du Bois à Louvercey et y établit des fourneaux. Nicolas Allard travailla pour le compte du roi, il livra de ses forges au château de Versailles, des tuyaux de fonte destinés aux fontaines des parcs et jardins pour une somme de plus de six mille livres.

La profession de ferron n'entraîna pour les plus riches d'entre eux nulle dérogeance ; pour les autres cette dérogeance fut plutôt l'effet de l'impossibilité dans laquelle ils se trouvaient de soutenir leur rang. En 1474, alors que les usurpations de noblesse en Normandie obligèrent Louis XI à faire rechercher les faux nobles, nous voyons Jean Allard, seigneur de Sourdeval, maintenu dans sa noblesse. C'est ce Jean Allard apparemment qui soutint la même année un procès contre Jean et Nicolas le Lerichen, écuyers, au sujet de l'héritage de Catherine de Sully.

Sous Louis XIV, la famille Allard de Gaillon de la Houssaye, fit ses preuves de noblesse devant les commissaires royaux pour la province de Normandie en la généralité d'Alençon (1666). En 1696, Constantin Allard de Gaillon, élu de Bernay, fit enregistrer à l'armorial général ses armoiries « fascé d'or et d'azur au sautoir d'argent brochant sur le tout ».

Les armoiries de la famille de Tiville-Allard sont aujourd'hui :

2

« Ecartelé au premier d'azur à trois étoiles d'or posées 2 et 1, accompagnées de trois croissants mal ordonnés ; au deuxième fascé d'or et d'azur au sautoir d'argent brochant sur le tout ; au troisième, de gueules à deux lozanges d'or, qui est de Tiville ; au quatrième d'argent à trois chevrons d'azur surmontés chacun d'une fleur-de-lis du même. Supports deux lions ; couronne de marquis. »

GÉNÉALOGIE

I

RAOUL DE TIVILLE, mort l'an 970, épousa Jeanne de Montfort, dont :

1º BERNARD, qui suit.
2º LUCE, qui épousa Amaury, seigneur de Nesle.
3º AGNÈS, mariée à N..., seigneur de La Ferté.
4º AISSELÈNE, mariée à Tebaut, seigneur de Mauquenchy.
5º BLAISE, mariée à Geofroy, seigneur de Gaillon.

II

BERNARD DE TIVILLE, seigneur de Tiville, vivait en 999, marié avec Mahaut de Beaufort, fille de Gilbert, seigneur de Beaufort, et de Mathilde de la Haye, dont :

1º RICHARD, qui suit.
2º MARIE, mariée à Roger de Juvigny.
3º JEANNE, mariée à Geofroy de Villiers.
4º GISINE, mariée à Gervais de Canteloup.

5° ANNETTE, mariée à Nicolas de Champagne.
6° AMAURIE, mariée à Hector de Garancières.

III

RICHARD DE TIVILLE, seigneur de Tiville, l'an 1230, marié à Gisorde de Gournay, fille de Robert de Gournay et de Richarde de Grandmesnil, dont :

    1° GUILLAUME, qui suivra.
    2° HUBERTE.
    3° GAILLARDE.
    4° RICHARDE.
    5° HUGUETTE.
    6° AVELINE.

IV

GUILLAUME DE TIVILLE, seigneur de Tiville, vivant l'an 1069, accompagna avec Guillaume, Henri et Raoul de Tiville, ses trois fils, Guillaume-le-Conquérant, duc de Normandie, à la conquête du royaume d'Angleterre, qu'il servit si utilement dans cette expédition que celui-ci lui donna des terres dans ce royaume. Il avait épousé Umberte de Breteuil, fille de Guillaume de Breteuil et d'Umberge d'Argouges, dont :

1° Guillaume, qui suit.

2° Henri de Tiville, qui s'établit en Angleterre dans les biens que Guillaume le Conquérant avait donnés à son père, auxquels il donna le nom de Tiville ou Tieville. Il y épousa Algone de Merce, fille d'Algarus, comte de Merce et de Stelfride de Stangle, dont :

    a) Algarus, marié à Renaude de Courtenai, continue la descendance en Angleterre.

    b) Algone, mariée à Richard d'Albington.

    c) Estelfride, mariée à Etienne de Westmerland.

    d) Hermengarde, mariée à Jacques de Bic.

    e) Osonvalde, mariée à Robert de l'Estrange.

3° Raoul de Tiville, de retour d'Angleterre où il était allé à la conquête de ce royaume avec son père et ses frères, se mit au service de Philippe Ier, roi de France, dont il fut premier maître d'hôtel. Il donna le nom de sa famille à une paroisse de Châteaudun dans laquelle il possédait les seigneuries de Champromain, de Bapaume, de la Pionnerie ; il était en outre seigneur de la Rochevert et du Vivier, proche Claye, il épousa Anne de Pierrecourt de la maison de la Meilleraie. Il est l'ancêtre de la maison de Tiville ou Thiville en Dunois.

Suivant une tradition rapportée dans la *généalogie générale de la noble, ancienne et illustre maison de Thiville* (Paris 1662), Raoul de Thiville, d'abord écuyer du duc d'Alençon (?) se serait réfugié auprès du roi Philippe Ier pour fuir la colère de ce seigneur dont il aurait tué le grand chambellan.

V

GUILLAUME DE TIVILLE, seigneur de Tiville, mort l'an 1100, mari de Varberte de Dorbec, fille de Robert de Dorbec et de Mathilde de Laigle dont :

1° ROBERT, qui suit.
2° THOMASSE.
3° JUDITH, femme de Thomas de Meteron.
4° AGNÈS.

VI

ROBERT DE TIVILLE, seigneur de Tiville, mort l'an 1132, épousa Jeanne de Pavilly, fille d'Henri de Pavilly et de Marie de Longchamp, dont :

1° JEAN, dont la postérité s'éteignit au XIVe siècle.

2º Anne.
3º Claude, qui suit.
4º Nigant.
5º Umberge.

VII

CLAUDE DE TIVILLE, seigneur de Tiville, épousa Françoise de Gisors, dont :

1º Guillaume, qui suit.
2º Claude.
3º Rogette, mariée à Antoine de Dorbec.

VIII

GUILLAUME DE TIVILLE, chevalier, né vers 1160, prit part à la croisade de Beaudoin, comte de Flandre et périt sous les murs d'Andrinople, le 14 avril 1205. Il eut pour fils Aybert, qui suit.

IX

AYBERT DE TIVILLE, dit de Gaillon, qui épousa Raoulette de Gaillon, fille de Raoul et nièce d'Adelard, châtelain de Gaillon, dont il eut :

1º Aybert.
2º Geoffroy.
3º Eléonore, mariée à Philippe de la Vallée.
4º Allard, ou Adelard qui suit.
5º Guillaumette, mariée à N. d'Harcourt, chevalier.
6º Robert.

X

ALLARD ou ADELARD DE GAILLON, seigneur de Gaillon, prit part, âgé de moins de 13 ans, avec ses frères, à la bataille de Taillebourg (1242): Il eut cinq enfants.

1º Guillaume, dit Guillaume Allard, qui suit.
2º Robin de Gaillon.
3º Jean de Gaillon.

4° Thomé dit Maschefer.
5° Guillemette.

XI

GUILLAUME DE GAILLON dit GUILLAUME ALLARD, seigneur de Gaillon et de Boisallard, né vers 1250, mort en 1346, âgé de 94 ans. Il épousa successivement : 1° Richarde Le Cocq; 2° Ysabelle N***, et Jeanne de Champeville, dont il eut une nombreuse progéniture. Ses armoiries « un ciel semé de croissants et d'étoiles d'or » figuraient sur son tombeau qui existait encore au xvi° siècle dans la chapelle des seigneurs de la Voue, à Tourouvre. Une plaque commémorative y énumérait les noms de cinquante-sept de ses descendants (enfants, petits-enfants et arrière petits-enfants de ses fils et de ses filles).

Ce fut cette inscription qui permit à Marin Allard de Tourouvre de reconstituer au xvi° siècle la généalogie de nombreux rameaux de sa famille et de noter particulièrement les hoirs de Guillaume Allard de Gaillon qui, outre ses enfants légitimes laissa plusieurs enfants naturels de Jacqueline de la Vallée, vivante encore en 1346. Ses enfants :

1° Guillaume Allard, seigneur de Gaillon qui eut quatre fils :

a) ALLARD ALLARD, qui passa en Italie et revint se fixer en Dauphiné où on le suppose auteur de la famille de ce nom.

b) THOMÉ, qui émigra avec son frère.

c) ANNETTE.

d) GUILLAUME ALLARD, dont la postérité est inconnue.

2° CHARLES, religieux de l'ordre de Saint-Benoît.

3° RAOUL ALLARD, marié à Denise Champion, dont :

a) GUILLAUME,

b) JEAN, père de CHARLES et d'ANCEL ALLARD, bourgeois d'Evreux, dont les noms figurent à l'inscription de 1346.

4° ROBIN ALLARD, écuyer, seigneur de Boisallard, marié à N. de..., dont :

a) GILLES, père de Robert, dont les enfants, Michel et Thomas, vivaient en 1346.

b) CLAUDE, qui laissa quatre filles.

5° JEAN ALLARD, écuyer, seigneur de Boisallard, eut de son mariage avec Berthe du Tillet ou du Tilly :

a) Guillaume, marié à Antoinette Perrin, dont :

aa) Jacques, père de Michel, page de l'évêque d'Evreux en 1346.

bb) Etienne Allard, écuyer, seigneur du Tillet.

cc) Noel, hommes d'armes dans la compagnie du comte d'Harcourt.

6° Etiennette.
7° Blanche.
8° Ancel, qui continue la filiation.
9° Geoffroy Allard, qui eut pour fils :

a) Gilles, père de Geoffroy, grand-père de Gilles, tous vivants en 1346.

b) Guillaume, père de :

aa) Guillaume.
bb) Louis.
cc) Etienne, en bas âge en 1346.

c) Robin qui ne laissa que des filles.

d) Allardet, dont le fils Guillaume eut de Gillette Picot, Louis et Antoine.

e) Philippe, père de Geoffroy Allard, seigneur du Plessis.

10° ANNE, mariée à Simon de Tournebu.

11° THOMAS, dont la postérité est rapportée plus loin.

12° DENIS.

13° NOEL.

XII

ANCEL ALLARD, seigneur de Gaillon, qui eut cinq fils :

1° THOMAS, fils naturel, père d'Ancel, homme d'armes dans la compagnie du comte d'Harcourt (1346).

2° JEAN Allard, dont deux fils et plusieurs filles.

a) NOEL.
b) ANCEL, marié à Louise de Sully.

aa) RAOUL.
bb) JEAN.
cc) ANCEL.

3° ETIENNE ALLARD, qui suit.

4° RICHARD ALLARD, dont la postérité est rapportée plus loin.

5° GUILLAUMET ALLARD, marié à Guillemette de Tesson, dont un fils, LOUIS ALLARD, bourgeois de Paris en 1346.

XIII

ETIENNE ALLARD, chevalier, seigneur de Gaillon, né vers 1300, marié à Marie Le Cornu, dont :

    1° Noel, qui suit.
    2° Guillaume, père d'Etienne.
    3° Deni.

XIV

NOEL ALLARD, seigneur de Gaillon, chevalier, est qualifié tel dans une quittance donnée à Renaud le Prévost, prêtre de Soulangy (1352). De sa femme, Etiennette Allard de Boisallard, il eut :

    1° Noel, seigneur de Gaillon, qui fut père de Guillaume, sans postérité connue.
    2° Guillaume, prêtre.
    4° Jean, qui suit.
    5° Etienne.

XV

JEAN ALLARD, seigneur de Boisallard. écuyer de Guillaume Crespin seigneur de Mauny et du Bec-Crespin, puis attaché à la maison d'Antoine Crespin, depuis archevêque de Narbonne, alors évêque de Laon, il eut pour fils :

1" JEAN. qui eut la survivance des charges de son père dans la maison de l'évêque Antoine Crespin.
2" GUILLAUME, prêtre.
3º NOELLE, religieuse aux emmurées de Rouen, en 1447.
4º GILLES, qui continue la filiation.
5º ANTOINE, père de Jean Allard, notaire royal.

XVI

GILLES ALLARD, homme d'armes de la compagnie du duc d'Orléans, épousa Marie Cornilleau, dont il eut :

1º ALBIN, marié à Etiennette Le Goupil.
2º JEAN, qui suit.

XVII

JEAN ALLARD, qui partagea avec son frère Albin, en 1479, l'héritage de sa tante Marguerite Cornilleau ; il épousa Mathurine Allard, de Tourouvre, dont :

    1° MATHURIN.
    2° MICHEL, prêtre.
    3° MADELEINE, mariée à Marin Allard.

XVIII

MATHURIN ALLARD, né vers 1460, épousa Jeanne du Bosc, dont :

    1° MARIN, qui suit.
    2° LUCAS, homme d'armes du duc d'Orléans.
    3° GUILLAUME, prêtre.
    4° JULIEN, père de MARIN, bourgeois d'Orléans, marié en 1527, à Louise Mercier.

XIX

MARIN ALLARD, né en 1482, baptisé le 22 avril, décédé le 6 octobre 1533, acheta en 1517 une maison à Paris, appartenant à noble dame Jeanne le Poictevin. Il avait épousé, en 1507, Guilberte de Rotrou, fille de Guibert de Rotrou, écuyer, seigneur du Mesnil, dont il eut :

1° NOEL, qui suit.

2° GILLES, né en 1510, mort la même année.

3° ANTOINE, né en 1511, marié en 1536, à Louise Langlois, dont :

    a) MARIN, né en 1537.
    b) LOUIS, né en 1541.

4° GILLES, né en 1513, arquebusier dans la compagnie du seigneur de Hérouville.

5° GILLETTE, mariée à Jean Brière.

6° MARIN, prêtre, né le 13 décembre 1517, auteur du mémoire généalogique où sont conservés ces renseignements.

XX

NOEL ALLARD, écuyer, conseiller du roi, né le 7 septembre 1509, décédé à Paris le 15 janvier 1559, Il avait épousé, le 2 janvier 1523, Catherine Aubert, fille de Jean Aubert, seigneur de Gacé. Il en eut quatre enfants :

1° GILLES, capitaine d'arquebusiers.
2° MARIN, prêtre.
3° ANTOINETTE, religieuse.
4° GUILLAUME, qui suit,

XXI

GUILLAUME ALLARD, écuyer, marié à Claudine de Lauharé, vivait à Paris, en 1562.

AUTRE RAMEAU

XV

ETIENNE ALLARD, fils de Noël Allard, seigneur de Gaillon, et d'Etiennette Allard de Boisallard, vivant à la fin du xiv° siècle, eut pour fils Etienne qui suit.

XVI

ETIENNE ALLARD, marié à Françoise Mercier, dont :

    1° Jean, qui suit.
    2° Etienne.

XVII

JEAN ALLARD, capitaine de francs-archers, mort en 1460, laissant entre autres enfants Etienne qui suit.

XVIII

ETIENNE ALLARD, maître fondeur en hauts fourneaux, à Gaillon.

XIX

CHARLES ALLARD, maître fondeur en hauts fourneaux, à Gaillon, marié à Perette Anceau, dont :

    1º Simon, qui suit.
    2º Jean, maître fondeur à Chambroy.
    3º Pierre.

XX

SIMON ALLARD, maître fondeur en hauts fournaux, à Randonnay.

XXI

JEAN ALLARD, maître fondeur à Randonnay, père de :

1° JEAN, qui suit,
2° EDOUARD.
3° VINCENT.

XXII

JEAN ALLARD, maître fondeur à Randonnay, en 1562.

AUTRE BRANCHE

XIII

RICHARD ALLARD, écuyer, seigneur de Sourdeval, fils d'Ancel et petit-fils de Guillaume, vivait en 1346. Il laissa cinq fils :

1° Noel, qui suit.
2° Raoul.
3° Tristan, écuyer dans la compagnie du comte d'Harcourt, donne en 1380, pour lui et deux de ses frères ci-après nommés, quittance de ses gages.
4° Gilles.
5° Guillaume.

XIV

NOEL ALLARD, écuyer, seigneur de Sourdeval, eut pour fils :

1° Guillaume, qui suit.

2° Richard Allard, écuyer, capitaine au service du comte Louis de Flandre, assista à la bataille de Courtray avec cent vingt hommes d'armes dont il fit sa montre à Saint-Omer, le 30 décembre 1382. On ne connaît pas sa postérité.

XV

GUILLAUME ALLARD, écuyer, seigneur de Sourdeval, est cité dans un acte de 1398 dans lequel il autorise sa femme, Louise Le Bossu, à vendre la *mazure* de Sourdeval à Pierre, bâtard de Garancières. Il fit son testament en 1407. Ses enfants y sont nommés :

1° Eustache, mort sans postérité.

2° Tristan, qui suit.

3° Charles, père de Guillaume, tabellion royal.

4° Guillemine, mariée à Jean de Farcy.

5° Thomasse, mariée à Louis Fraugeard, d'une famille bourgeoise de Saint-Malo.

6° Colas, prêtre.

7° Jean, dont la postérité est rapportée plus loin.

8° Louise.

XVI

TRISTAN ALLARD, écuyer, tué à Rouen en défendant la ville assiégée par le roi d'Angleterre en 1418, il n'eut qu'un fils.

XVII

ÉDOUARD ALLARD, écuyer, élevé à Saint-Malo, dans la famille de sa grand'mère. Il y épousa Jaquette des Granches, cousine et pupille de Jacques des Granches, connétable de Saint-Malo, et eut pour fils Noel, qui suit.

XVIII

NOEL ALLARD, écuyer, « archer armé de brigandine, salade, arquetrousse » dans la compagnie du comte de Longueville en 1470.

AUTRE RAMEAU

XVI

JEAN ALLARD, écuyer, fils de Guillaume (fils de Noël), né à la fin du xive siècle, marié à Françoise de la Chapelle, dont :

    1° JEAN, sans postérité.
    2° TRISTAN, qui suit.

XVII

TRISTAN ALLARD, écuyer, marié à Jacquette Allard, fille de Edouard Allard et de Jaquette des Granches, dont Jacques, qui suit.

XVIII

JACQUES ALLARD, écuyer, seigneur de la Coudroye, né vers 1440, marié à Catherine Le Cocq, dont :

1° Simon, qui suit.
2° Etienne.
3° Tristan, père de Jacques qui, de son mariage avec Marie Allard, eut Vincent, maître ferron à Randonnay en 1547.

XIX

SIMON ALLARD, écuyer, seigneur de la Coudroye, épousa Marie de la Touche, dont il eut :

1° Tristan, qui suit.
2° Léonard, gentilhomme verrier.
3° Gilles, gentilhomme verrier, épousa Marie de Brossard, dont il eut :

    a) Simon.
    b) Jacques, vivant à Tourouvre en 1562.

c) Noel, dont les enfants vivaient à Louvercey en 1562.

XX

TRISTAN ALLARD, écuyer, seigneur de la Coudraye, conseiller du roi de Navarre en l'échiquier de Normandie, épousa Françoise Allard, dont il eut :

1° Joseph, qui suit :
2° Simon, père de Marin et probablement grand-père de Marin Allard, receveur du domaine de la vicomté de Domfront en 1599.

XXI

JOSEPH ALLARD, écuyer, seigneur de la Coudraye, marié à Suzanne de Glos, vivant avec sa femme et ses sept enfants en 1562 :

1° Tristan.
2° Guillaume.
3° Simonne.

4° Marin.
5° Eustache.
6° Marguerite.
7° Noelle.

AUTRE BRANCHE

XII

DENIS ALLARD, chevalier, seigneur de Gaillon en partie et de Montallard, près Chambroy, fils de Guillaume de Gaillon et petit-fils d'Allard premier du nom, naquit dans les dernières années du xiiie siècle Il fit les guerres de Flandre et de Guyenne et s'embarqua sous les ordres de messire Pierre de Mège, « amiral de la mer de Charles IV ». De sa femme Blanche de Gourdon, il laissa plusieurs fils qui périrent tous, un seul excepté, dans les guerres contre les Anglais :

1° NOEL, mort en 1340 au combat naval de l'Ecluse, en combattant à côté de son père.

2° BERNARD, fait prisonnier à Hesdin en 1354, et tué d'un coup de hache par un soldat anglais qui avait cru le reconnaître pour un écossais passé au service du roi de France.

3° BERTRAND, qui suit.

4° et 5° AMAURY et JEAN, tués à Poitiers en 1354.

XIII

BERTRAND ALLARD, chevalier, seigneur de Gaillon et de Montallard, capitaine de cent hommes d'armes pour le service du duc d'Anjou, frère de Charles V. Il épousa N... de Brasdefer, dont il eut :

1° DENIS, capitaine de cent hommes d'armes, suivit Duguesclin en Guyenne pour y lutter contre les grandes compagnies. Fait prisonnier, il fut mis à la torture et eut les yeux brûlés. Quoique aveugle, il épousa en 1369, Marie de Gaillon, probablement sa cousine, dont il eut :

a) DENIS, prêtre.
b) RAOUL ALLARD, écuyer, blessé à la bataille de Rosebecque en 1382, mourut des suites de ses blessures.

2° GUILLAUME qui suit.
3° NOEL ALLARD, écuyer, combattait au Mont-Saint-Michel en 1410.

XIV

GUILLAUME ALLARD, écuyer, seigneur de Gaillon et de Montallard, capitaine de cent hommes d'armes à la solde du roi de France. Il épousa en 1370 Jeanne de Tournebu dont il n'eut pas d'enfants. Remarié en 1382 à Isabelle Le Franc, dont :

1º AMAURY ALLARD, tué en 1429 devant le château de Crotais, où Jeanne d'Arc était enfermée.

2º NOEL, qui fut onze ans prisonnier des Anglais. Il épousa sa cousine, Mathurine Allard, dont il eut :

a) AMAURY, maître ferron, à Gaillon.
b) GUILLAUME.
c) NOELLE, mariée à Perrin Aubril, maître ferron.

3º PHILIPPE, qui suit.

XV

PHILIPPE ALLARD, seigneur fossier de Gaillon et de Montallard, né vers 1387, pris par les Anglais avec son frère et ses neveux, fut envoyé en Angleterre. La tradition rapportée par Robin Allard veut qu'ayant été mis en liberté sous serment de ne pas combattre contre le roi d'Angleterre pendant cinq années, il fonda les fourneaux de Gaillon pour y forger les armes qu'il s'était interdit de porter. De son mariage avec Etiennette du Moulin, il eut :

    1° Simon, qui suit.
    2° Michel, maître fondeur, à Conches.
    3° Jean, père de Jean, ferron, à Randonnay.
    4° Simonne, mariée à Louis de Biré.
    5° Guillaume, né vers 1420, auteur d'une autre branche.
    6° Pierre, maître fondeur, à Conches.

XVI

SIMON ALLARD, seigneur fossier de Gaillon, né vers 1410, marié à Marie Louvel, dont :

    1° Simon, qui suit.
    2° Guillaume.
    5° Edouard, prêtre.
    1° Robin, maître ferron, à Garancières.
    5° Marie, mariée à Jean de Beaumont, écuyer.
    6° Michel.

XVII

SIMON ALLARD, seigneur fossier de Gaillon, en 1480.

XVIII

JEAN ALLARD, seigneur fossier de Gaillon, marié à Catherine Caron.

XIX

N. ALLARD, seigneur fossier de Gaillon.

XX

N. ALLARD, seigneur de Gaillon, maître de forges.

XXI

MAURICE ALLARD, seigneur de Gaillon, des Haults-genets et des Vaugoins, maître de forges, acquit les terres sur lesquelles avaient été construites en 1526, par le seigneur de Guernie, les forges de Vieux-Conches. Il obtint de Henri IV des lettres patentes lui accordant en fief lesdites terres et autorisant le rétablissement des forges. Il eut pour fils Gilles, qui suit.

XXII

GILLES ALLARD, écuyer, seigneur de Gaillon, des Haultsgenets, etc., maître de forges, né à Conches, acquit en 1620 la terre et le manoir du Bois. Il épousa à Tourouvre, le 16 décembre 1623, Françoise Pinguet, dont il eut :

1° Nicolas, né à Tourouvre le 23 octobre 1628, seigneur de la Houssaye, du chef de sa femme Suzanne de Bigards. dont il eut deux fils :

a) Noel.
b) Pierre, qui portent la qualification de seigneurs de la Houssaye.

2° Pierre, qui suit.
3° Robert, né à Tourouvre le 28 novembre 1638.
4° Louis, chevalier de Malte.

XXIII

PIERRE ALLARD, écuyer, seigneur de Gaillon, eut pour fils Constantin, qui suit.

XXIV

CONSTANTIN ALLARD, écuyer, seigneur de Gaillon, fit enregistrer à l'Armorial général de 1696 ses armoiries : *fascé d'or et d'azur de six pièces au sautoir d'argent brochant sur le tout.*

AUTRE BRANCHE

XXII

ROBERT ALLARD, fils de Gilles Allard et de Françoise Pinguet, né à Tourouvre le 28 novembre 1638, marié en 1670 à Louise Guiard, eut trois enfants :

 1º Nicolas, qui suit.
 2º Françoise, née en 1677.
 3º Jeanne, née en 1679.

XXIII

NICOLAS ALLARD, né en 1675, marié le 31 janvier 1696 à Marie Loyseau, dont sept fils :

 1º Nicolas, né en 1697.
 2º Nicolas, né en 1698.
 3º Pierre, né en 1700.

4° Robert, né en 1704
5° Nicolas, né en 1706.
6° François, né en 1709.
7° Pierre, né en 1714, qui suit.

XXIV

PIERRE ALLARD, né le 5 août 1714, marié à Michelle Renoult dont cinq fils :

1° Pierre, né en 1745.
2° Gilles, né en 1748.
3° François, né en 1752.
4° Pierre Eustache, né en 1756.
5° Toussaint, né en 1759, qui suit.

XXV

TOUSSAINT ALLARD, sieur de Tiville, avocat, écuyer, émigré pendant la Terreur, né le 1er novembre 1759, marié à Paris le 8 janvier 1784, à Louise de Sannois de Bergerat, dont un fils unique, Pierre Noël Toussaint, qui suit.

XXVI

PIERRE NOEL TOUSSAINT ALLARD DE TIVILLE, né en 1787, fut élevé en Russie où il épousa, en 1816, Mathilde de Gosse, d'une noble famille française, émigrée en Brandebourg lors de la révocation de l'Edit de Nantes. Il a laissé deux fils :

1° Jean Toussaint Noel, qui suit.
2° Frédéric Wilhelm, docteur en médecine sans enfants.

XXVII

JEAN TOUSSAINT NOEL DE TIVILLE-ALLARD, né en 1820, marié à Auguste-Marie-Léopoldine, baronne de Breuning, dont :

XXIX

AUGUSTE LÉOPOLD DE TIVILLE-ALLARD, né à Paris en 1855.

www.ingramcontent.com/pod-product-compliance
Lightning Source LLC
LaVergne TN
LVHW021702080426
835510LV00011B/1531